Jan Twardowski

Jan Twardowski

Kiedy mówisz

Wybór i opracowanie
Aleksandra Iwanowska

Posłowie
Autora

Przekład
**Stanisław Barańczak
Clare Cavanagh
Zofia Błaszczyk
Myrna Garanis
Małgorzata Koraszewska
Sarah Lawson
Anna Mioduchowska
Maya Peretz**

Wydawnictwo Literackie

Jan Twardowski

Selected and edited by
Aleksandra Iwanowska

Afterword by
The Author

Translated by
Stanisław Barańczak
Clare Cavanagh
Zofia Błaszczyk
Myrna Garanis
Małgorzata Koraszewska
Sarah Lawson
Anna Mioduchowska
Maya Peretz

When You Say

Projekt obwoluty, stron tytułowych oraz tłoczenia
Andrzej Dudziński

Redaktor
Krystyna Zaleska
Michał Pawica

Redaktor techniczny
Bożena Korbut

Wszystkie książki Wydawnictwa Literackiego
oraz bezpłatny katalog
można zamówić:
ul. Długa 1
31-147 Kraków
tel./fax: (+48-12) 422-46-44
e-mail: handel@wl.net.pl
Bezpłatna linia informacyjna 0-800 42 10 40

ISBN 83-08-03064-5

Kiedy mówisz

When You Say

SUPLIKACJE

Boże, po stokroć święty, mocny i uśmiechnięty —
Iżeś stworzył papugę, zaskrońca, zebrę pręgowaną —
kazałeś żyć wiewiórce i hipopotamom —
teologów łaskoczesz chrabąszcza wąsami —

dzisiaj, gdy mi tak smutno i duszno, i ciemno —
uśmiechnij się nade mną

SUPPLICATIONS

Dear God, hundredfold holy, almighty and all-smiling —
Since you created a parrot, a water-snake and zebra stripes —
commanded a squirrel to live, a hippopotamus —
and whiskered June-bugs to tickle theologians —

when sadness tries to suffocate me in the dark
smile away the night

Anna Mioduchowska and Myrna Garanis

NAUCZ SIĘ DZIWIĆ

Naucz się dziwić w kościele,
że Hostia Najświętsza tak mała,
że w dłonie by ją schowała
najniższa dziewczynka w bieli,

a rzesza przed nią upada,
rozpłacze się, spowiada —

że chłopcy z językami czarnymi od jagód —
na złość babciom wlatują półnago —
w kościoła drzwiach uchylonych
milkną jak gawrony,
bo ich kościół zadziwia powagą

I pomyśl — jakie to dziwne,
że Bóg miał lata dziecinne,
matkę, osiołka, Betlejem

Tyle tajemnic, dogmatów,
Judaszów, męczennic, kwiatów
i nowe wciąż nawrócenia

Że można nie mówiąc pacierzy
po prostu w Niego uwierzyć
z tego wielkiego zdziwienia

LEARN HOW TO WONDER

In church learn how to wonder,
that the Holy Host is so small
it could hide within the little hands
of the girl in white shortest of them all

yet before it crowds sink to their knees,
burst out crying, confess,

that boys with berry-black tongues, shirtless
to spite grandmothers, rush
through the church's half-open door
and, awed at the church's solemnity,
suddenly hush.

And think — how astonishing
that God was once not a king,
but a child, with a mother, like us

So many mysteries, dogmas,
martyrs, sinners like Judas,
and yet always new believers

That one, without a single prayer,
can have a change of heart
and simply believe in Him
from all this wonderment

Maya Peretz

O WRÓBLU

Nie umiem o kościele pisać
o namiotach modlitwy znad mszy i ołtarzy
o zegarze co nas toczy —
o świętym przystrzyżonym jak trawa
o oknach które rzucają do wnętrza
motyle jak małe kolorowe okręty
o ćmach co smolą świece jak czarne oddechy
o oku Opatrzności
które widzi orzechy trudne do zgryzienia
o włosach Matki Bożej całych z ciepłego wiatru
o tych co nawet żałują zanim zgrzeszą

lecz o kimś
skrytym w cieniu
co nagle od łez lekki gorący jak lipiec
odchodzi przemieniony w czułe serce skrzypiec

i o tobie niesforny wróblu
co łaską zdumiony —
wpadłeś na zbitą głowę
do święconej wody

ABOUT A SPARROW

I don't know how to write about church
about the prayer tents over masses and altars
about the clock that devours us
about the saint with his hair clipped like grass
about windows that toss butterflies
into the house: small multicoloured ships
about moths whose dark breath blackens candles
about the eye of Providence
that sees the tough to crack nuts
about Holy Mother's hair of warm wind
about those who are sorry even before they sin

but about someone
hiding in the shadows
who suddenly sticky with tears and hot like July
walks away transformed into the tender heart of a violin

and about you unruly sparrow
who stunned with grace
fell headlong
into the holy water

Anna Mioduchowska and Myrna Garanis

WYJAŚNIENIE

Nie przyszedłem pana nawracać
zresztą wyleciały mi z głowy wszystkie mądre kazania
jestem od dawna obdarty z błyszczenia
jak bohater w zwolnionym tempie
nie będę panu wiercić dziury w brzuchu
pytając co pan sądzi o Mertonie
nie będę podskakiwał w dyskusji jak indor
z czerwoną kapką na nosie
nie wypięknieję jak kaczor w październiku
nie podyktuję łez, które się do wszystkiego przyznają
nie zacznę panu wlewać do ucha świętej teologii łyżeczką

po prostu usiądę przy panu
i zwierzę swój sekret
że ja, ksiądz
wierzę Panu Bogu jak dziecko

EXPLANATION

I did not come to convert you
and anyway all the wise sermons have fled from my head
I was stripped of all shine long ago
like a hero in slow motion
I won't pester you
with what you think of Merton
I won't jump around during discussion
like a turkey with a red wattle on its nose
I won't grow handsome like a drake in October
I won't dictate tears that will confess to everything
I won't spoon holy theology into your ear

I'll simply sit beside you
and confide my secret
that I, priest
trust God like a child

Anna Mioduchowska and Myrna Garanis

WIELKA SZTUKA ZA WIELKA

Panie Jezu chyba nie lubisz jak Cię męczą organami w kościołach
dość masz muzyki Bacha —
może chciałbyś posłuchać
jak skrzypi w Biblii na czarnych nogach hebrajska litera
jak spowiadający mruczą w samo ucho sumienia
boli rosnąca aureola nad świętym
płaczą uciekające spojrzenia —
cieknąca buty po deszczu na posadzce
ziewa babcia nad litanią
skacze szczygieł śniegu po tramwajowych przystankach
piszczy nad świecą w lichtarzu
jedna płonąca zapałka

Nawet w skrzypcach nie słyszymy strun tylko pudło

WHEN GREAT ART IS TOO GREAT

Lord Jesus I think You don't like being tortured with organs in churches
You've had enough of Bach's music —
maybe You would like to hear
how a Hebrew letter creaks in the Bible on its black legs
how confessors murmur straight into the ear of conscience
a growing halo above a saint hurts
escaping glances cry
shoes after rain drip on the floor
an old lady yawns over a litany
a snowy goldfinch hops on tram stops
over a candle in a candlestick
one burning match squeaks

Even with a violin we do not hear the strings but the case

Sarah Lawson and Małgorzata Koraszewska

KAZNODZIEJA

Ty co nie zbawiasz dusz porośniętych słowami
chroń mnie od pięknej gładkiej wymowy kościelnej
od homiletyki na piątkę
naoliwionych zdań
proroczych ryków
zgrabnego szeptu
czasem można przecież przez dziurę własnego kazania zobaczyć Ciebie
jąkać się —
chociaż powiedzą
znowu wyszedł stał jak rura
czerwienił się przez mikrofon
wszystkie palce sterczały — jak uszy na ambonie

PREACHER

You who do not save souls overgrown with words
save me from the beautiful smooth church eloquence
from A plus in homiletics
oiled sentences
prophetic roars
clever whisper
sometimes it's possible to glimpse You through a hole in one's own sermon
stutter —
even if they say
again he stood there like an oaf
blushed through the microphone
his fingers stuck out — like ears from the pulpit

Anna Mioduchowska and Myrna Garanis

O UŚMIECHU W KOŚCIELE

W kościele trzeba się od czasu do czasu uśmiechać
do Matki Najświętszej która stoi na wężu jak na wysokich obcasach
do świętego Antoniego przy którym wiszą blaszane wota jak meksykańskie
maski
do skrupulata który stale dmucha spowiednikowi w pompkę ucha
do mizernego kleryka którego karmią piersią teologii
do małżonków którzy wchodząc do kruchty pluszczą w kropielnicy
obrączki jak złote rybki
do kazania które się jeszcze nie rozpoczęło a już skończyło
do tych co świąt nie przeżywają ale przeżuwają
do moralisty który nawet w czasie adoracji chrupie kość morału
do dzieci które się pomyliły i zaczęły recytować:
Aniele Boży nie budź mnie niech ja najdłużej śpię
do pięciu pań chudych i do pięciu pań grubych
do zakochanych którzy porozkręcali swoje serca na części czułe
do egzystencjalisty który jak rudy lis przenosi samotność z jednego
miejsca na drugie
do podstarzałej łzy która się suszy na konfesjonale
do ideologa który wygląda jak strach na ludzi

ABOUT SMILING IN CHURCH

In church you need to smile from time to time
at the Holy Mother perched on a snake as if on high heels
at St. Anthony surrounded by tin offerings, Mexican life masks
at the scrupulous soul who constantly blows into the trumpet
                                          of a confessor's ear
at the pale cleric suckling at theology's breast
at the newlyweds in the vestibule, their wedding bands like gold fish
                                          frolicking in the font
at the sermon that ended before it began
at those who move their jaws instead of being moved on holy days
at the moralist who even during the Adoration chews at the bone
                                          of the moral
at the children who by mistake began to recite:
Guardian Angel sleep tight don't let the bedbugs bite
at the five skinny ladies and the five fat ones
at the lovers whose hearts have split into tender elements
at the existentialist who like a red fox carries his loneliness from place
                                          to place
at the aged tear drying on the confessional
at the ideologue who looks like a bogeyman

                                   Anna Mioduchowska and Myrna Garanis

NIEWIDOMA DZIEWCZYNKA

Matko mówiła niewidoma dziewczynka
tuląc się do Jej obrazu
poznam Cię światełkami palców

Korona Twoja zimna — ślizgam się po niej jak po gładkiej szybie
są kolory tak ciężkie że odstają od przedmiotu
to co złote chodzi swoimi drogami i żyje osobno
Słucham szelestu Twoich włosów
idę chropowatym brzegiem Twojej sukni
odkrywam gorące źródła rąk
pomarszczoną pończoszkę skóry
szorstkie szczeliny twarzy
żwir zmarszczek
tkliwość obnażenia
ciepłą ciemność
sprawdzam szramę jak bliznę po miłości
zatrzymuję tu oddech w palcach
uczę się bólu na pamięć
zdrapuję to co przywarło ze świata jak śmierć niegrzeczna
wydobywam puszystość rzęs odwracam łzę
zbieram nosem zapach nieba
odgaduję wreszcie małego Jezusa z potłuczonym spuchniętym kolanem
                                    na Twym ręku

Tyle tu wszędzie spokoju pomiędzy słowem a miłością
kiedy dotykam
obraz stuka jak krew
klejnoty niepotrzebnie jęczą
robaczek piszczy w trzewiku
sypie się szmerem czas
pachną korzonki farb
milknie ucho Opatrzności

A BLIND GIRL

Mother, said a blind girl
snuggling up to Her painting *
I'll get to know You with the light in my fingers

Your crown is cold — I slip on it as on a smooth window pane
some colours are so heavy they protrude from the object —
what is made of gold travels along its own roads and lives apart
I listen to the rustling of Your hair
walk along the rough edge of Your robe
discover the hotsprings of hands
the wrinkled stocking of skin
rugged crevasses of face
gravel of wrinkles
the tenderness of undressing,
warm darkness
I check the gash like a love scar
my fingers hold their breath here
I learn pain by heart,
I scrape away what clung on from the world like impolite death
I extract the downiness of lashes, turn over a tear
with my nose I gather the scent of heaven
I finally divine little Jesus with a smashed swollen knee on Your arm

There is so much peace here between word and love,
when I touch it
the painting throbs like blood
jewels moan needlessly
a little worm squeals in a slipper
time pours in whispers
paint's rootlets give off a sweet fragrance
the ear of Providence grows silent

---

* Refers to Black Madonna, which hangs in the Monastery of Jasna Góra. The painting is venerated by the Poles for both religious and historical reasons and attracts millions of pilgrims, many of whom attribute miraculous powers to it. The two gashes which extend down the right cheek of the Madonna were made with a sword during a raid in the 15th century.

Palce moje umieją się także uśmiechać
miętosząc Twój staroświecki szal
ciągnąc rękaw jak ugłaskanego smoka
odsłaniam z włosów kryjówkę słuchu —
żartuję że czuwając mrużysz lewe oko
stopy masz bose — od spodu pomarszczone jak podbiał
przecież nie chodzisz w szpilkach po niebie
myślę że Ty także nie widzisz
oddałaś wzrok w Wielki Piątek
stało się wtedy tak cicho
jakbyś prostowała na zegarku ostatnią sekundę
i już nie pasują do nas żadne poważne okulary
oparłaś się na świętym Janie jak na białej kwitnącej lasce
piszesz dalszy ciąg *Magnificat* alfabetem Braille'a
którego nie znają teologowie bo za bardzo widzą
tak Cię sumiennie zasuwają na noc w jasnogórskie blachy pancerne

To nic
wystarczy kochać słuchać i obejmować

My fingers also know how to smile
crumpling Your old fashioned shawl
pulling on a sleeve like a pet dragon
in Your hair I expose hearing's lair
I joke that while keeping vigil You wink with Your left eye
Your feet are bare — wrinkled underneath like coltsfoot
You obviously don't walk through heaven in high heels
I think that You too are blind
You gave away Your sight on Good Friday
it became so quiet then
as if You were straightening out the last second on a watch
and no proper glasses fit us anymore
You leaned on St. John as on a blooming white cane,
You continue the writing of the Magnificat using Braille
which is unknown to theologians because they see too much
so diligently they cover You with armour at night

That's alright
it's enough to love listen and hug

Anna Mioduchowska and Myrna Garanis

23

POSTANOWIENIE

Postanawiam pracować nad tym
żeby się pozbyć
byka retoryki
wazeliny stylizacji
galanteryjnych pauz
wypucowanej składni
lirycznego śmietnika
żeby zimą przyklęknąć
i przynieść Ci niewykwalifikowaną ręką
baranka śniegu

RESOLUTION

I resolve to work on
casting off
the bull of rhetoric
the Vaseline of stylization
gallant pauses
slick syntax
lyrical garbage
in order to kneel in winter
and bring You in an unskilled hand
the lamb of snow

Anna Mioduchowska and Myrna Garanis

RACHUNEK SUMIENIA

Czy nie przekrzykiwałem Ciebie
czy nie przychodziłem stale wczorajszy
czy nie uciekałem w ciemny płacz ze swoim sercem jak piątą klepką
czy nie kradłem Twojego czasu
czy nie lizałem zbyt czule łapy swego sumienia
czy rozróżniałem uczucia
czy gwiazd nie podnosiłem których dawno nie ma
czy nie prowadziłem eleganckiego dziennika swoich żalów
czy nie właziłem do ciepłego kąta swej wrażliwości jak gęsiej skórki
czy nie fałszowałem pięknym głosem
czy nie byłem miękkim despotą
czy nie przekształcałem ewangelii w łagodną opowieść
czy organy nie głuszyły mi zwykłego skowytu psiaka
czy nie udowadniałem słonia
czy modląc się do Anioła Stróża — nie chciałem być przypadkiem
                                        aniołem a nie stróżem

czy klękałem kiedy malałeś do szeptu

ACT OF CONTRITION

Did my voice rise above Yours
did I always arrive yesterday
did I retreat into black despair with my fifth wheel of a heart
did I steal Your time
did I lick the paws of my conscience too tenderly
did I fail to distinguish between emotions
did I pick up stars which stopped shining long ago
did I keep an elegant journal of my grudges
did I crawl under the warm blanket of my sensitivity
did I sing off-key in a beautiful voice
did I transform the gospel into a gentle tale
did the organ stop me from hearing the simple howl of a dog
did I try to find proof for the elephant
while praying to the Guardian Angel — did I ask to be angel not guardian

did I kneel when You shrank to a whisper

Anna Mioduchowska and Myrna Garanis

WIERZĘ

Wierzę w Boga
z miłości do 15 milionów trędowatych
do silnych jak koń dźwigających paki od rana do nocy
do 30 milionów obłąkanych
do ciotek którym włosy wybielały od długiej dobroci
do wpatrujących się tak zawzięcie w krzywdę żeby nie widzieć sensu
do przemilczanych — śpiących z trąbą archanioła pod poduszką
do dziewczynki bez piątej klepki
do wymyślających krople na serce
do pomordowanych przez białego chrześcijanina
do wyczekującego spowiednika z uszami na obie strony
do oczu schizofrenika
do radujących się z tego powodu że stale otrzymują i stale muszą oddawać
bo gdybym nie wierzył
osunęliby się w nicość

I BELIEVE

I believe in God
out of love for the 15 million lepers
for those strong as a horse who lift bales morning till night
for the 30 million mad
for aunts with hair bleached by years of goodness
for those who doggedly stare at iniquity in order not to see any sense
for the unacknowledged — who sleep with the archangel's trumpet under
the pillow
for the half-wit girl
for the inventors of heart drops
for those murdered by white Christians
for the confessor waiting with ears pointed in both directions
for the eyes of a schizophrenic
for those who rejoice at always receiving and always having to give back
because if I did not believe
they would slip into nothingness

Anna Mioduchowska and Myrna Garanis

WYZNANIE

Zamykałem wiedzę w szufladkach
wymieniałem pajęczaki stawonogi i kręgowce
myliłem na niebie gwiazdę pierwszą z ostatnią
nie rozumiejąc kamieni — nazywałem
notowałem w zeszycie spostrzeżenia
wiedziałem że kiedy przylecą drozdy i żółte pliszki
można już spać przy otwartym oknie —
że po wilgach i derkaczach przychodzi pierwsza burza
że słonka wędruje tylko w nocy a wyżeł ma brwi nad oczami
poznawałem głuszca po zielonej piersi
zimorodka po czerwonych nogach
dostrzegłem że wiewiórka jest od spodu biała
że czajki kładą dzioby na ziemi
że kwiaty zapylane nocą nie są nigdy ciemne
że w maju kwitną rośliny niskie a w czerwcu wysokie
mówiono że można szukać prawdopodobieństwa i utracić prawdę
że prac doktorskich teraz się nie czyta tylko się je liczy
że króla najłatwiej uwieść ale trudno się do niego dopchać
że więcej jest dowodów na istnienie Pana Boga niż na istnienie człowieka
że piekło to po prostu życie bez sensu
czytałem na cmentarzu: „Tu leży Maria Dymek, ducha oddała Bogu,
ziemi — ciało, jezuitom — domek. Dobrze się stało"
Chwytałem się jeszcze teologii za rękę
pytałem czy anioł spowiadający byłby do zniesienia
dzieliłem grzechy na śmiertelne to znaczy ciche i lekkie — inaczej
                                                    hałaśliwe
podglądałem czystość po obu stronach śniegu
wreszcie wzruszyłem ramionami: przecież wszystkie słowa sprawiają
że się widzi tylko połowę

ADMISSION

I used to lock knowledge in drawers
list arachnids arthropods and vertebrates
I confused the first star with the last in the sky
without understanding rocks I named them
in my notebook scribbled down observations
I knew that once robins and yellow wagtails arrive
you can sleep with the window open
that orioles and corncrakes bring the first storm
that a woodcock travels by night only and a pointer has brows over its eyes
I recognized a wood-grouse by its green breast
kingfisher by the red legs
I noticed that a squirrel is white underneath
that lapwings rest their beaks on the ground
that no flower pollinated at night turns out dark
that in May shorter plants flower and in June taller
they say that one can search for probability and lose the truth
that PhD theses are counted now not read
that it's easy to seduce a king much harder to get an audience
that there are more proofs for the existence of God than for the existence
of man
that hell is simply meaningless life
in the cemetery I once read: "Here lies Maria Dymek, to God she gave
her soul,
to earth — her body, to the Jesuits — her home. All is well."
I also clutched theology by the hand
I asked if an angel would be bearable as confessor
I classified sins into mortal meaning quiet, and venial — noisy ones
I peeped at purity from both sides of snow
and finally shrugged my shoulders: after all words
give only half the picture

Anna Mioduchowska and Myrna Garanis

*   *   *

Dziękuję Ci po prostu za to, że jesteś
za to, że nie mieścisz się w naszej głowie, która jest za logiczna
za to, że nie sposób Cię ogarnąć sercem, które jest za nerwowe
za to, że jesteś tak bliski i daleki, że we wszystkim inny
za to, że jesteś już odnaleziony i nie odnaleziony jeszcze
że uciekamy od Ciebie do Ciebie
za to, że nie czynimy niczego dla Ciebie, ale wszystko dzięki Tobie
za to, że to czego pojąć nie mogę — nie jest nigdy złudzeniem
za to, że milczysz. To my — oczytani analfabeci
chlapiemy językiem

*   *   *

Thank You just for being
for being beyond the understanding of our too logical minds
for the impossibility of grasping You with our too nervous hearts
for being so near and so far away, for being different in everything
for being already found and not found yet
for our running away from You to You
for our doing nothing for You, but everything thanks to You
for the things I can't understand never being delusions
for Your silence. Only we — well-read illiterates —
babble with our tongues

Sarah Lawson and Małgorzata Koraszewska

ANKIETA

Czy nie dziwi cię
mądra niedoskonałość
przypadek starannie przygotowany
czy nie zastanawia cię
serce nieustanne
samotność która o nic nie prosi i niczego nie obiecuje
mrówka co może przenieść
wierzby gajowiec żółty i przebiśniegi
miłość co pojawia się bez naszej wiedzy
zielony malachit co barwi powietrze
spojrzenie z nieoczekiwanej strony
kropla mleka co na tle czarnym staje się niebieska
łzy podobno osobne a zawsze ogólne
wiara starsza od najstarszych pojęć o Bogu
niepokój dobroci
opieka drzew
przyjaźń zwierząt
zwątpienie podjęte z ufnością
radość głuchoniema
prawda nareszcie prawdziwa nie posiekana na kawałki
czy umiesz przestać pisać
żeby zacząć czytać?

QUESTIONNAIRE

Aren't you amazed by
wise imperfection
carefully devised coincidence
don't you wonder at
the unceasing heart
solitude that asks for nothing and promises nothing
what an ant can transport
willow grove all yellow, and snowdrops,
love that appears without our permission
green malachite that tints the air
a look from an unexpected direction
drop of milk which against a black background turns blue
tears supposedly singular but always universal
faith older than the oldest notions of God
anxiety of the good
ministrations of trees
friendship of animals
doubt assumed with faith
deaf and dumb joy
truth finally true not chopped to bits
can you stop writing
in order to start reading?

Anna Mioduchowska and Myrna Garanis

DO ŚWIĘTEGO FRANCISZKA

Święty Franciszku patronie zoologów i ornitologów
dlaczego
żubr jęczy
jeleń beczy
lis skomli
wiewiórka pryska
kos gwiżdże
orzeł szczeka
przepiórka pili
drozd wykrzykuje
słonka chrapi
sikora dzwoni
gołąb bębni i grucha
kwiczoł piska
derkacz skrzypi
kawka plegoce
jaskółka piskocze
żuraw struka
drop ksyka
człowiek mówi śpiewa i wyje
tylko motyle mają wielkie oczy
i wciąż jeszcze tyle przeraźliwego milczenia
które nie odpowiada na pytania

TO SAINT FRANCIS

O, Saint Francis, patron of zoologists and ornithologists
why does
a bison groan
a deer bleat
a fox whine
a squirrel sputter
a blackbird whistle
an eagle bark
a quail chirrup
a thrush call
a woodcock snore
a tit tinkle
a dove drum and coo
a fieldfare squeak
a corncrake creak
a jackdaw shriek
a swallow squawk
a crane shout
a bustard hiss
a human talk sing and howl
only butterflies have huge eyes
and still so much shrill silence
which does not answer any questions

Sarah Lawson and Małgorzata Koraszewska

SPRAWIEDLIWOŚĆ

Profesor Annie Świderkównie

Gdyby wszyscy mieli po cztery jabłka
gdyby wszyscy byli silni jak konie
gdyby wszyscy byli jednakowo bezbronni w miłości
gdyby każdy miał to samo
nikt nikomu nie byłby potrzebny

Dziękuję Ci że sprawiedliwość Twoja jest nierównością
to co mam i to czego nie mam
nawet to czego nie mam komu dać
zawsze jest komuś potrzebne
jest noc żeby był dzień
ciemno żeby świeciła gwiazda
jest ostatnie spotkanie i rozłąka pierwsza
modlimy się bo inni się nie modlą
wierzymy bo inni nie wierzą
umieramy za tych co nie chcą umierać
kochamy bo innym serce wychłódło
list przybliża bo inny oddala
nierówni potrzebują siebie
im najłatwiej zrozumieć że każdy jest dla wszystkich
i odczytywać całość

JUSTICE

For Professor Anna Świderkówna

If everyone had four apples
if everyone was strong as a horse
if everyone was equally defenseless in love
if we were all equally endowed
no one would need anyone else

I thank You for Your justice that is inequality
for what I have and have not
even for what I have and no one to give to
it's useful to someone
there is night so there can be day
darkness so a star can shine
there is the last meeting and the first parting
we pray because others do not pray
we believe because others do not believe
we die for those who do not want to die
we love because other hearts have grown thin
a letter brings closer because another one pushes apart
the unequal need one another
they best understand each of us is for all
they grasp the nature of whole

Anna Mioduchowska and Myrna Garanis

SAMOTNOŚĆ

Nie proszę o tę samotność najprostszą
pierwszą z brzega
kiedy zostaję sam jeden jak palec
kiedy nie mam do kogo ust otworzyć
nawet strzyżyk cichnie choć mógłby mi ćwierkać przynajmniej jak pół wróbla
kiedy żaden pociąg pośpieszny nie śpieszy się do mnie
zegar przystanął żeby przy mnie nie chodzić
od zachodu słońca cienie coraz dłuższe
nie proszę Cię o tę trudniejszą
kiedy przeciskam się przez tłum
i znowu jestem pojedynczy
pośród wszystkich najdalszych bliskich
proszę Ciebie o tę prawdziwą
kiedy Ty mówisz przeze mnie
a mnie nie ma

SOLITUDE

I do not ask for simple solitude
just any old one
when I'm left alone like an orphan
when there's no one around to hear me out
even the wren grows quiet when it could at least chirp like half a sparrow
when no express train hurries my way
the clock has stopped ticking in my presence
after sunset the shadows ever longer
I do not ask for the more difficult kind
when I'm pressing through a crowd
to emerge alone again
among complete strangers friends
I ask You for the most genuine one
when You speak through me
and I'm not there

Anna Mioduchowska and Myrna Garanis

BEZDZIETNY ANIOŁ

Właśnie wtedy kiedy pomyślałeś
że papugi żyją dłużej
że jesteś okrutnie mały
niepotrzebny jak kominek na niby
w stołowym pokoju
jak bezdzietny anioł
lekki jak 20 groszy reszty
drugorzędnie genialny
kiedy obłożyłeś się książkami
jak człowiek chory
nie wierząc w to że z niewiary
powstaje nowa wiara
że ci co odeszli jeszcze raz cię
porzucą
święty i pełen pomyłek

właśnie wtedy wybrał ciebie ktoś
większy niż ty sam
który stworzył świat tak dobry
że niedoskonały
i ciebie tak niedoskonałego
że dobrego

CHILDLESS ANGEL

Just when you thought
that parrots live longer
that you are cruelly small
useless as a fake fireplace
in a living room
like a childless angel
inconsequential as a dime
substandard genius
just when you wrapped yourself up in books
like someone who is ill
not believing that lack of faith
can give birth to new faith
that those who left
will abandon you again
holy and full of error

just then you were chosen by someone
greater than yourself
who created a world so good
it's imperfect
and you so imperfect
that you're good

Anna Mioduchowska and Myrna Garanis

43

ŚPIESZMY SIĘ

Annie Kamieńskiej

Śpieszmy się kochać ludzi tak szybko odchodzą
zostaną po nich buty i telefon głuchy
tylko to co nieważne jak krowa się wlecze
najważniejsze tak prędkie że nagle się staje
potem cisza normalna więc całkiem nieznośna
jak czystość urodzona najprościej z rozpaczy
kiedy myślimy o kimś zostając bez niego

Nie bądź pewny że czas masz bo pewność niepewna
zabiera nam wrażliwość tak jak każde szczęście
przychodzi jednocześnie jak patos i humor
jak dwie namiętności wciąż słabsze od jednej
tak szybko stąd odchodzą jak drozd milkną w lipcu
jak dźwięk trochę niezgrabny lub jak suchy ukłon
żeby widzieć naprawdę zamykają oczy
chociaż większym ryzykiem rodzić się niż umrzeć
kochamy wciąż za mało i stale za późno

Nie pisz o tym zbyt często lecz pisz raz na zawsze
a będziesz tak jak delfin łagodny i mocny

Śpieszmy się kochać ludzi tak szybko odchodzą
i ci co nie odchodzą nie zawsze powrócą
i nigdy nie wiadomo mówiąc o miłości
czy pierwsza jest ostatnią czy ostatnia pierwszą

LOVE NOW

For Anna Kamieńska

Let us love people now they leave us so fast
the shoes remain empty and the phone rings on
what's unimportant drags on like a cow
the meaningful sudden takes us by surprise
the silence that follows so normal it's hideous
like chastity born most simply from despair
when we think of someone who's been taken from us

Don't be sure you have time for there's no assurance
as all good fortune security deadens the senses
it comes simultaneously like pathos and humor
like two passions not as strong as one
they leave fast grow silent like a thrush in July
like a sound somewhat clumsy or a polite bow
to truly see they close their eyes
though to be born is more of a risk than to die
we love still too little and always too late

Don't write of it too often but write once and for all
and you'll become like dolphins both gentle and strong

Let us love people now they leave us so fast
and the ones who don't leave won't always return
and you never know while speaking of love
if the first one is last or the last one first.

Maya Peretz

45

SPOTKANIA

Ktokolwiek nas spotyka od Niego przychodzi
tak dokładnie zwyczajny że nie wiemy o tym

jak osioł co chciał zawyć i nie miał języka
lub chrabąszcz co swej nazwy nie zna po łacinie
będziemy się mijali nie wiadomo po co
spoglądali na siebie i sięgali w ciemność
myśleli o swym sercu że trochę zawadza
jak wciąż ta sama małpa w secesyjnej klatce

Ktokolwiek nas spotyka od Niego przychodzi
jeśli mniej religijny — bardziej chrześcijański
wspomni coś od niechcenia podpowie adresy
jak śnieg antypaństwowy co wzniosłe pomniki
z wyrazem niewiniątka zamienia w bałwany
niekiedy łzę urodzi ważniejszą od twarzy
co pomiędzy uśmiechem a uśmieszkiem kapie

Ktokolwiek nas spotyka od Niego przychodzi
nagle zniknie — od razu przesadnie daleki
czy byliśmy prawdziwi — sprawdził mimochodem

ENCOUNTERS

Whoever we meet is sent by Him
so strictly ordinary we would never guess

like an ass that wants to bellow but is tongueless
or a beetle that doesn't know its Latin name
we pass one another without knowing what for
gaze at each other and see nothing but woe
think that our heart often stands in the way
like always the same monkey in a fancy cage

Whoever we meet is sent by Him
all the more Christian — if less seen at prayer
will mention in passing a useful address
like dissident snow that with an innocent air
changes a grand statue into a white dummy
or drops, more meaningful than the face, a tear
dripping between a smile and a sneer

Whoever we meet is sent by Him
will vanish suddenly — noticeably distant
checking in passing — whether we were true

Maya Peretz

47

ŻAL

Zofii Małynicz

Żal że się za mało kochało
że się myślało o sobie
że się już nie zdążyło
że było za późno

choćby się teraz pobiegło
w przedpokoju szurało
niosło serce osobne
w telefonie szukało
słuchem szerszym od słowa

choćby się spokorniało
głupią minę stroiło
jak lew na muszce

choćby się chciało ostrzec
że pogoda niestała
bo tęcza zbyt czerwona
a sól zwilgotniała

choćby się chciało pomóc
własną gębą podmuchać
w rosół za słony

wszystko już potem za mało
choćby się łzy wypłakało
nagie niepewne

REGRET

For Zofia Małynicz

For not having loved enough
for putting the self first
for not having made it on time
and then it was too late

even if one was to run now
to push one's way through the hall
even if one carried a spare heart
searched inside the telephone
ear wider than words

even if one was to come down a notch
make silly faces
like a lion posing before a cocked gun

even if one wished to raise an alarm
that the weather is unstable
because the salt is too damp
and the rainbow too red

even if one wished to help
to cool the oversalted chicken soup
with one's own breath

nothing's enough after the fact
even an ocean of tears
naked uncertain

Anna Mioduchowska and Myrna Garanis

WSZYSTKO INACZEJ

Bo Pan Bóg jest tak jasny że nic nie tłumaczy
bo wiedzieć wszystko to nic nie wyjaśniać
stąd cierpienie po prostu nie wiadomo po co
tak od razu bez sensu że całkiem prawdziwe
wszystkie łzy jak prosiaki chodzące po twarzy

bo miłości tak piękne że wciąż niemożliwe
choć listy po staremu i szept w białej kartce
spotkania po kolei wiodące w nieznane
szczęście co się nagle obliże jak cielę
i śmierć tak punktualna że zawsze nie w porę
choć wiadomo śmierć miłość od śmierci ocala

I jeszcze stare furtki donikąd i wszędzie
w których kiedyś czekałeś na to co nie przyszło
wyżeł co chciał ci łapę podawać na zawsze
biedronka co wróżyła że wojny nie będzie

Lecz Pan Bóg wie najlepiej — więc wszystko inaczej
czasem prośby nam spełnia żeby nas zawstydzić

EVERYTHING DIFFERENT

The Lord is so clear that He explains nothing
for to know everything is to clarify nothing
hence suffering you simply don't know what for
so immediately pointless that entirely true
all tears like cattle walking down your face

for loves are so beautiful they can't be possible
though letters like of old and whispers in a white page
rendez-vous one by one leading to the unknown
happiness suddenly licking itself calf-like
and death so punctual it's never on time
though it is known death saves love from death

And old gates to nowhere and everywhere
at which you waited once for what never came
a pointer that offered its paw for all time
a ladybug predicting there would be no war

But Lord God knows best — so it's all different
sometimes he satisfies our requests to shame us

Maya Peretz

JAK SIĘ NAZYWA

Jak się nazywa to nienazwane
jak się nazywa to co uderzyło
ten smutek co nie łączy a rozdziela
przyjaźń lub inaczej miłość niemożliwa
to co biegnie naprzeciw a było rozstaniem
wciąż najważniejsze co przechodzi mimo
przykrość byle jaka jak chłodny skurcz w piersi
ta straszna pustka co graniczy z Bogiem

to że jeśli nie wiesz dokąd iść
sama cię droga poprowadzi

WHAT DO YOU CALL IT

What do you call the thing with no name
what do you call this idea that struck
this sadness that doesn't unite but divides
friendship or otherwise an impossible love
the thing that was running toward you but was separation
still the most important thing but it goes on past you
any old unpleasantness like a cold spasm in the chest
this terrible emptiness that borders on God

the fact that if you don't know where to go
the path itself will lead you

Sarah Lawson and Małgorzata Koraszewska

53

PEWNOŚĆ NIEPEWNOŚCI

Dziękuję Ci za to
że niedomówionego nie domawiałeś
niedokończonego nie kończyłeś
nieudowodnionego nie udowadniałeś

dziękuję Ci za to
że byłeś pewny że niepewny
że wierzyłeś w możliwe niemożliwe
że nie wiedziałeś na religii co dalej
i łza Ci stanęła w gardle jak pestka
za to że będąc takim jakim jesteś
nie mówiąc
powiedziałeś mi tyle o Bogu

CERTAIN UNCERTAIN

I thank You
for leaving the unspoken unsaid
the unfinished unfinished
for not proving the unprovable

I thank You
for being certain of the uncertain
for believing in the possible impossible
for not knowing what next in religion class
while you choked on a tear as hard as a cherry stone
for being as You are
without speaking a word
You told me so much about God

Anna Mioduchowska and Myrna Garanis

PAN JEZUS NIEWIERZĄCYCH

Pan Jezus niewierzących
chodzi między nami
trochę znany z Cepelii
trochę ze słyszenia
przemilczany solidnie
w porannej gazecie
bezpartyjny
bezbronny
przedyskutowany
omijany jak
stary cmentarz choleryczny
z konieczności szary
więc zupełnie czysty

Pan Jezus niewierzących
chodzi między nami
czasami się zatrzyma
stoi jak krzyż twardy

wierzących niewierzących
wszystkich nas połączy
ból niezasłużony
co zbliża do prawdy

THE JESUS OF NONBELIEVERS

The Jesus of nonbelievers
walks among us
known a little from kitsch
and a bit from word-of-mouth
responsibly passed over
in the morning paper
defenseless
partyless
endlessly debated
avoided like a graveyard
for the victims of the plague
necessarily gray
therefore perfectly safe

the Jesus of nonbelievers
walks among us
sometimes he stops
and stands like a hard cross

believers nonbelievers
we'll all be joined
by the unearned pain
that leads us toward truth

Stanisław Barańczak and Clare Cavanagh

SKRUPUŁY PUSTELNIKA

Tak zająłem się sobą że czekałem aby nikt nie przyszedł
stale prosiłem o jeden tylko bilet dla siebie
nawet nic mi się nie śniło
bo śpi się dla siebie ale sny ma się dla drugich
jeśli płakałem — to niefachowo
bo do płaczu potrzebne są dwa serca
broniłem tak gorliwie Boga że trzepnąłem w mordę człowieka
myślałem że kobieta nie ma duszy a jeśli ma to trzy czwarte
założyłem w sercu tajną radiostację i nadawałem tylko swój program
przygotowałem sobie kawalerkę na cmentarzu
i w ogóle zapomniałem że do nieba idzie się parami nie gęsiego
nawet dyskretny anioł nie stoi osobno

SCRUPLES OF A HERMIT

I was so self-preoccupied that I waited for no one to come
I always asked for one ticket
even dreams left me alone
one sleeps for oneself and dreams for others
if I wept — I was incompetent
one needs two hearts to cry
I defended God so zealously I bashed in a man's face
I thought a woman has no soul and if she has only three quarters
I set up a secret radio station in my heart to broadcast only my program
I prepared a bachelor suite in the graveyard
completely forgetting that we go to heaven in pairs not single file
even a discreet angel does not stand alone

Anna Mioduchowska and Myrna Garanis

PRZECIW SOBIE

Pomódl się o to czego nie chcesz wcale
czego się boisz jak wiewiórka deszczu
przed czym uciekasz jak gęś coraz dalej
przed czym drżysz jak w jesionce bez podpinki zimą
przed czym się bronisz obiema szczękami

zacznij się wreszcie modlić przeciw sobie
o to największe co przychodzi samo

AGAINST YOURSELF

Pray for something you don't desire at all
which you fear like a squirrel fears rain
something you run from like a frightened goose
something that makes you tremble as in winter under an unlined coat,
from which you defend yourself with both jaws

why don't you finally start praying against yourself
for the most precious, which comes of its own accord

Anna Mioduchowska and Myrna Garanis

SZUKAŁEM

Szukałem Boga w książkach
przez cud niedomówienia o samym sobie
przez cnoty gorące i zimne
w ciemnym oknie gdzie księżyc udaje niewinnego
a tylu pożenił głuptasów
w znajomy sposób
w ogrodzie gdzie chodził gawron czyli gapa
w polu gdzie w lipcu zboże twardnieje i żółknie
przez protekcję ascety który nie jadł
więc się modlił tylko przed zmartwieniem i po zmartwieniu
w kościele kiedy nikogo nie było

i nagle przyszedł nieoczekiwany
jak żurawiny po pierwszym mrozie
z sercem pomiędzy jedną ręką a drugą

i powiedział
dlaczego mnie szukasz
na mnie trzeba czasem poczekać

I WAS SEARCHING

I was searching for God in books
through the miracle of not talking about myself
through hot and cold virtues
in the dark window where the moon is pretending to be innocent
but married so many foolish people
in a familiar way
in the garden where a rook walked
in the field where in July the grain is hardening and yellowing
with the help of an ascetic who did not eat
and thus prayed before a sorrow and after a sorrow
in the church when nobody was there

and suddenly He came unexpectedly
like cranberries after the first cold snap
with His heart in His hands

and said
why are you searching for me
for me you sometimes have to wait

Sarah Lawson and Małgorzata Koraszewska

TO NIEPRAWDZIWE

To nieprawdziwe trudne nieudane
ta radość półidiotka bólu nowy kretyn
żale jak byliny kwiaty zimnotrwałe
rozum co nie przeszkadza żadnemu odejściu
miłość której nigdy nie ma bez rozpaczy
serce ciemne do końca choć jasne wzruszenia
pociecha po to tylko że prawdę oddala
żuczek co nas nie złączył choć obleciał wkoło
śnieg tak bardzo wzruszony że niewiele wiedział
jedna mrówka co zbiegła nareszcie z mrowiska
uśmiech twój co za życia mi się nie należał

wszystko stało się drogą
co było cierpieniem

IT'S UNTRUE

It's untrue difficult futile
this half-idiot joy this fool of a pain
regret like a hardy perennial
a mind that prevents no partings
love which cannot exist without despair
heart dark till the end despite bright emotions
consolation that only conceals the truth
this tiny beetle that circled around us in vain
snow so moved it was struck dumb
one ant that finally escaped the hill
your smile which in this life I could not claim

everything that once was pain
became the Way

Anna Mioduchowska and Myrna Garanis

PRZEPIÓRKA

Przepiórko co się najgłośniej odzywasz
zawsze o wschodzie i zachodzie słońca
prawda że tylko dwie są czyste chwile
ta wczesna jasna i tamta o zmierzchu
gdy Bóg dzień daje i gdy go zabiera
gdy ktoś mnie szukał i jestem mu zbędny
gdy ktoś mnie kochał i gdy sam zostaję
kiedy się rodzę kiedy umieram
te dwie sekundy co zawsze przyjdą
ta jedna biała ta druga ciemna
tak bardzo szczere że obie nagie
tak poza nami że nas już nie ma

QUAIL

Your call is always the loudest
at dawn and at sunset
isn't it true that there are only two pure moments
the early bright one and the one at dusk
when God gives day and when He takes it away
when someone wanted me and when I'm no longer needed
when someone loved me and when I'm left alone
when I'm being born when I die
those two seconds that always come
one light the other dark
so honest they're both naked
so beyond us we no longer are

Anna Mioduchowska and Myrna Garanis

DRZEWA NIEWIERZĄCE

Drzewa po kolei wszystkie niewierzące
ptaki się zupełnie nie uczą religii
pies bardzo rzadko chodzi do kościoła
naprawdę nic nie wiedzą
a takie posłuszne

nie znają ewangelii owady pod korą
nawet biały kminek najcichszy przy miedzy
zwykłe polne kamienie
krzywe łzy na twarzy
nie znają franciszkanów
a takie ubogie

nie chcą słuchać mych kazań gwiazdy sprawiedliwe
konwalie pierwsze z brzegu bliskie więc samotne
wszystkie góry spokojne jak wiara cierpliwe
miłości z wadą serca
a takie wciąż czyste

FAITHLESS TREES

One by one all the trees non-believers,
birds refuse to study religion
the dog rarely goes to church
they really don't know anything
and see how obedient

insects under the tree bark know nothing of the gospels
even the white caraway so meek in the pasture
ordinary field stones
tears plowing the skin
have never heard of Saint Francis
and see how poor

the stars refuse to hear my sermons
so does the humble lily of the valley, all too familiar, alone
the peaceful mountains that, like faith, keep on
love with a heart condition
and see how pure

Anna Mioduchowska and Myrna Garanis

BLISCY I ODDALENI

Bo widzisz tu są tacy którzy się kochają
i muszą się spotkać aby się ominąć
bliscy i oddaleni jakby stali w lustrze
piszą do siebie listy gorące i zimne
rozchodzą się jak w śmiechu porzucone kwiaty
by nie wiedzieć do końca czemu tak się stało
są inni co się nawet po ciemku odnajdą
lecz przejdą obok siebie bo nie śmią się spotkać
tak czyści i spokojni jakby śnieg się zaczął
byliby doskonali lecz wad im zabrakło

bliscy boją się być blisko żeby nie być dalej
niektórzy umierają — to znaczy już wiedzą
miłości się nie szuka jest albo jej nie ma
nikt z nas nie jest samotny tylko przez przypadek
są i tacy co się na zawsze kochają
i dopiero dlatego nie mogą być razem
jak bażanty co nigdy nie chodzą parami

można nawet zabłądzić lecz po drugiej stronie
nasze drogi pocięte schodzą się z powrotem

NEAR AND DISTANT

You see, there are those who love
and must meet in order to pass each other by
near and distant as if they stood at a mirror
they write letters that are hot and cold
they part like flowers tossed away in laughter
forever ignorant why it must be so
there are those who will find each other even in the dark
only to pass by because they daren't meet
so pure and peaceful as when it begins to snow
they would be perfect but they lack the flaws

some fear being near will only make them distant
some die — meaning they already know
love cannot be found, it either is or isn't
none of us are alone simply by pure coincidence
there are also those whose love is eternal
and that is why they can't be together
like pheasants which never travel in pairs

we can even lose the way, but on the other side
our fragmented paths will merge again

Anna Mioduchowska and Myrna Garanis

NIE TAK NIE TAK

Moja dusza mi nie wierzy
moje serce ma co do mnie wątpliwości
mój rozum mnie nie słucha
moje zdrowie ucieka
moja młodość umarła
moje fotografie rodzinne nie żyją
mój kraj jest już inny
nawet piekło zmyliło bo zimne

nakryłem się cały żeby mnie nie było widać
ale łza wybiegła
i rozebrała się do naga

NOT SO NOT SO

My soul doesn't trust me
my heart is full of doubts
my mind doesn't obey me
my health escapes
my youth has died
my family photos are no longer alive
my country is not the same anymore
even hell has fooled me it's cold

I covered myself from head to toe
but a tear slipped out
and stripped to the skin

Anna Mioduchowska and Myrna Garanis

ŚWIAT

Bóg się ukrył dlatego by świat było widać
gdyby się ukazał to sam byłby tylko
kto by śmiał przy nim zauważyć mrówkę
piękną złą osę zabieganą w kółko
zielonego kaczora z żółtymi nogami
czajkę składającą cztery jajka na krzyż
kuliste oczy ważki i fasolę w strąkach
matkę naszą przy stole która tak niedawno
za długie śmieszne ucho podnosiła kubek
jodłę co nie zrzuca szyszki tylko łuski
cierpienie i rozkosz oba źródła wiedzy
tajemnice nie mniejsze ale zawsze różne
kamienie co podróżnym wskazują kierunek

miłość której nie widać
nie zasłania sobą

THE WORLD

God hid himself so that the world could be seen
if he'd made himself known there would only be him
and who in his presence would notice the ant
the handsome, peevish wasp worrying in circles
the green drake with his yellow legs
the peewit laying its four eggs crosswise
the dragonfly's round eyes beans in the pod
our mother at the table holding not so long ago
a mug by its big funny ear
the fir tree shedding husks instead of cones
pain and delight both ways to learn
equally mysteries but never the same
stones which show travelers the way

love that is invisible
hides nothing

Stanisław Barańczak and Clare Cavanagh

WIELKA MAŁA

Szukają wielkiej wiary kiedy rozpacz wielka
szukają świętych co wiedzą na pewno
jak daleko odbiegać od swojego ciała

a ty góry przeniosłaś
chodziłaś po morzu
choć mówiłaś wierzącym
tyle jeszcze nie wiem

— wiaro malutka

GREAT SMALL

They look for great faith when in great despair
they look for saints who know precisely
how far to run from their flesh

and You carried mountains
walked on the sea
even as You told the faithful
there's so much I still don't know

— faith so small

Anna Mioduchowska and Myrna Garanis

GŁODNY

Mój Bóg jest głodny
ma chude ciało i żebra
nie ma pieniędzy
wysokich katedr ze srebra

Nie pomagają mu
długie pieśni i świece
na pierś zapadłą
nie chce lekarstwa w aptece

Bezradni
rząd ministrowie żandarmi
tylko miłością
mój Bóg się daje nakarmić

HUNGRY

My God is hungry
he's just a bag of bones
he's got no money
no lofty silver domes

Candles can't help him
hymns give him no rest
doctors have no cure
for his thin hollow chest

Governments patrols police
are powerless
love is the only food
his lips will bless

Stanisław Barańczak and Clare Cavanagh

SZUKASZ

Szukasz prawdy ale nie tajemnic
liścia bez drzewa
wiedzy a nie zdziwienia
boisz się oprzeć na tym czego nie można dotknąć
zaczynasz od sukcesu wielki i zbędny
nie milczysz ale pyskujesz o Bogu
chcesz być kochany ale sam nie umiesz kochać
myślisz że sobie zawdzięczasz wyrzuty sumienia
nie wiesz że dowodem na istnienie jest to że tego dowodu nie ma

inteligentny i taki niemądry

YOU SEARCH

You search for truth not mystery
leaf without tree
knowledge not wonder
you are afraid to lean on what you cannot touch
you start with success great and useless
you are not quiet but screech about God
you want to be loved without knowing how to love
you think pangs of conscience are your own invention
you don't know the proof of existence is that there is no such proof

intelligent yet so unwise

Anna Mioduchowska and Myrna Garanis

TRUDNO

No widzisz — mówiła matka
wyrzekłeś się domu rodzinnego
kobiety
dziecka co stale biega bo chciałoby fruwać
wzruszenia kiedy miłość podchodzi pod gardło

a teraz martwi ciebie
kubek z niebieską obwódką
puste miejsce po mnie przy stole
trzewiki o których mówiłeś że są
tak jak wszystkie — do sprzedania
a nie do noszenia
zegarek co chodzi po śmierci
stukasz w niewidzialną szybę
patrzysz jak czapla w jeden punkt
widzisz jak łatwo się wyrzec
jak trudno utracić

DIFFICULT

See — my mother used to say
you renounced your own home
a woman
a child that's constantly running because it wants to fly
the thrill of love rising up your throat

and now you are distressed
by a blue-rimmed mug
my empty place at the table
shoes which you used to say are
like all the others — fit to be sold
not worn
a watch that keeps ticking after death
you knock against an invisible window pane
your gaze fixed like a heron's
see how easy it is to renounce
how difficult to lose

Anna Mioduchowska and Myrna Garanis

UCZY

Wiary uczy milczenie
nieświęta choinka
umarły we śnie żywy
w starych wierzbach szpaki
kwiat olchy co się jeszcze przed liściem rozwija
radość przecięta w pół
kłos cięższy od słomy co go z ziarnem dźwiga
modlitwa jak pogoda
bo jeśli ktoś się modli Pan Bóg w nim oddycha

TEACHING

Faith is taught by silence
heathen Christmas tree
alive are those who died in sleep
in old willows starlings sing
alder's buds unfurl before leaves
joy cut in half
husk full of grain heavier than its stalk
prayer like weather
when one prays what breathes in him is Lord God

Maya Peretz

WIĘCEJ

Coraz więcej Ciebie
bo powietrze przejrzyste między ulewami
czarny las a im dalej tym bardziej niebieski
może w nim szuka grzybów stary smutny anioł
co zamiast poznać miłość wkuwał język grecki

a teraz moja prośba o Matko Najświętsza
być jak tęcza co sobą nie zajmuje miejsca
choć biegnie jak po schodach od ziemi do nieba

Tobie derkacz w zbożu Tobie zając w polu
mrówki co się kochają ale się nie lubią
pomidor z pępkiem koszyk z maślakami
i cierpienie tak wielkie że już nie ma grzechu
milczenie które myśli
radość co rozumie
Amen lub inaczej niech nie będzie mnie

86

MORE

Ever more of You
as the sky clears between rains
woods black but further on more blue
maybe a sad old angel who crammed Greek verbs instead of love
looks for mushrooms on the forest floor

and now Holiest Mother grant me this favour
to be like a rainbow that takes up no space
even as it sprints up the stairs from earth to heaven

Yours the corncrake in the corn Yours the rabbit in the field
ants that love without liking one another
a tomato with a belly button, a basket of morels,
and suffering so great it takes away the sin
silence which reflects
joy which understands
Amen or in other words release me

Anna Mioduchowska and Myrna Garanis

PROSZĘ O WIARĘ

Stukam do nieba
proszę o wiarę
ale nie o taką z płaczem na ramieniu
taką co liczy gwiazdy a nie widzi kury
taką jak motyl na jeden dzień
ale
zawsze świeżą bo nieskończoną
taką co biegnie jak owca za matką
nie pojmuje ale rozumie
ze słów wybiera najmniejsze
nie na wszystko ma odpowiedź
i nie przewraca się do góry nogami
jeżeli kogoś szlag trafi

ASKING FOR FAITH

I'm knocking at heaven
and asking for faith
but not the makeshift kind
that counts the stars but doesn't notice chickens
not the butterfly kind that lasts a day
I want
the kind that's always fresh because it's boundless
that follows its mother like a lamb
that doesn't grasp but understands
that picks the smallest words
can't answer everything
and doesn't come undone
if someone croaks

Stanisław Barańczak and Clare Cavanagh

89

STWARZAŁ

Bóg stwarzał wszystko by poznawać siebie
stąd barwa biała zawsze lekka zielona spokojna
żółta pliszka bo taką i o zmroku widać
jeż na brzegu lasu dowcipne szparagi
ktoś kto umarł przed chwilą wyleciał wesoły
koniec wszystkich spraw naszych wspaniale niejasny
lwica co ogon chwali skoro nie ma grzywy
nietoperz co składa skrzydła i opada szybko
zając co się odbija tylnymi nogami
księżyc jak rencista co wyszedł się martwić
gwiazda polarna co wskazuje biegun
ogromna kula ziemska i świat nieokrągły
jaskinie latem zimne, widzenie pod wodą
i czas najważniejszy — choć nie wie co będzie
miłość lub inaczej wszystko i daleko
żuk jak anioł swobodny bo niepoliczony
kariera na początku a mięta przy końcu
Bóg stwarzał świat i poznawał że jest wszechwiedzący

HE CREATED

God took up creating to learn what he knew
that's why the colour white always tinged with green calm
wagtail yellow so it can be seen at dusk
hedgehog at the edge of the woods, witty asparagus
someone who just died and cheerfully flew away
the end of all our affairs magnificently unclear
lioness that boasts of a tail for lack of a mane
bat that folds its wings and falls like a stone
jackrabbit that takes off with its hind legs
the moon like an old pensioner who stepped out to worry
polar star that points to a pole
enormous sphere of an earth and an unround world
caves cold in the summer, underwater vision
and ever important time — even if ignorant of tomorrow
love, or otherwise everything, and at a distance
a beetle like an angel, free because uncounted
career at the beginning and mint tea at the end
while creating the world
God learned he was omniscient

Anna Mioduchowska and Myrna Garanis

POCIECHA

Niech się pan nie martwi panie profesorze
buty niepotrzebne umiera się boso
w piekle już zelżało
nie palą
tylko wiedzę wieszają na haku
smutno i szybko

CONSOLATION

Don't worry dear professor
you don't need shoes one dies barefoot
things have improved in hell
no burnings
they only hang knowledge on a hook
sadly and quickly

Anna Mioduchowska and Myrna Garanis

SPOTKANIE

Barbarze Arsobie

Ta jedna chwila dziwnego olśnienia
kiedy ktoś nagle wydaje się piękny
bliski od razu jak dom kasztan w parku
łza w pocałunku
taki swój na co dzień
jakbyś mył włosy z nim w jednym rumianku
ta jedna chwila co spada jak ogień

nie chciej zatrzymać
rozejdą się drogi —
samotność łączy ciała a dusze cierpienie

ta jedna chwila
nie potrzeba więcej

to co raz tylko — zostaje najdłużej

ENCOUNTER

For Barbara Arsoba

This one moment of strange illumination
when someone seems beautiful all at once
immediately near like home like a chestnut tree in the park
tear during a kiss
so familiar everyday
as if you washed your hair in the same bowl of camomile
this one moment that falls like fire

don't try to stop it
roads will part —
loneliness brings bodies together and suffering — souls

this one moment
no need for more

what happens once — lasts the longest

Anna Mioduchowska and Myrna Garanis

KIEDY MÓWISZ

Aleksandrze Iwanowskiej

Nie płacz w liście
nie pisz że los ciebie kopnął
nie ma sytuacji na ziemi bez wyjścia
kiedy Bóg drzwi zamyka — to otwiera okno
odetchnij popatrz
spadają z obłoków
małe wielkie nieszczęścia potrzebne do szczęścia
a od zwykłych rzeczy naucz się spokoju
i zapomnij że jesteś gdy mówisz że kochasz

WHEN YOU SAY

For Aleksandra Iwanowska

Don't cry in your letter
don't write that you've been kicked by fate
there is no situation on earth without a way out
when God shuts the door — He opens the window
breathe out and look
from the clouds come falling
small great misfortunes needed for happiness
and from simple things learn calm
forget that you are when you say that you love

Zofia Błaszczyk

JESTEŚ

Jestem bo Jesteś
na tym stoi wiara
nadzieja miłość spisane pacierze
wielki Tomasz z Akwinu i Teresa Mała
wszyscy co na świętych rosną po kryjomu
lampka skrupulatka skoro Boga strzeże
łza po pierwszej miłości jak perła bez wieprza
życia ludzi i zwierząt za krótka choroba
śmierć co przeprowadza przez grób jak przez kamień
bo gdy sensu już nie ma to sens się zaczyna
jestem bo Jesteś. Wierzy się najprościej

wiary przemądrzałej szuka się u diabła

YOU ARE

I am because You are
this is the basis of faith
hope charity recorded prayers
the great Thomas Aquinas and little Theresa
everyone who secretly thrives on the lives of saints
the ever scrupulous lamp because it keeps watch over the Lord
the tear after first love like pearl without the swine
human and animal lives, illness that's too short
death which leads through the grave as through rock
sense begins when nothing makes sense anymore
I am because You are. One believes simply to believe well

sophisticated faith is found in hell

Anna Mioduchowska and Myrna Garanis

ZACZEKAJ

Kiedy się modlisz — musisz zaczekać
wszystko ma czas swój
wiedzą prorocy
trzeba wciąż prosząc przestać się spodziewać
niewysłuchane w przyszłości dojrzewa
to niespełnione
dopiero się staje
Pan wie już wszystko nawet pośród nocy
dokąd się mrówki nadgorliwe spieszą
miłość uwierzy przyjaźń zrozumie
nie módl się skoro czekać nie umiesz

ACCEPT YOUR FATE

When praying do accept your fate
there's time for everything
the prophets know
constantly asking one must stop expecting
request not granted is destined to grow
what's unfulfilled
is yet to become
Lord sees it all even in the dark
where overzealous ants dash off
love will believe friendship appreciate
don't pray unless you can accept your fate

Maya Peretz

ON

Zatrzymał się
cień pod oknem
nade mną chmury wędrowne
udam że mnie nie ma
zapomnę
puka
znów nie otwieram
myślę: — Późno ciemno.
— Kto? — pytam wreszcie
— Twój Bóg zakochany
z miłością niewzajemną

HE

A shadow stopped
by the window
wandering clouds overhead
I'll pretend I'm not in
I'll forget
a knock
again I don't open
I think: It's dark late
Who is it? I ask in the end
Your God
sick with love unreturned

Anna Mioduchowska and Myrna Garanis

BAŁEM SIĘ

Bałem się oczy słabną — nie będę mógł czytać
pamięć tracę — pisać nie potrafię
drżałem jak obora którą wiatr kołysze

— Bóg zapłać Panie Boże bo podał mi łapę
pies co książek nie czyta i wierszy nie pisze

I WAS AFRAID

I was afraid of losing my eyes — I won't be able to read
I'm losing my memory — I won't be able to write
I trembled like a barn in the wind

Thank God dear God for the paw offered
by a dog who knows nothing of print

Anna Mioduchowska and Myrna Garanis

MNIEJ WIĘCEJ

Ach te słowa — mniej więcej
powtarzają je od niechcenia
tak sobie
byle jak
przekazują jak niezdarne ręce
kto zrozumie
kto wytłumaczy
że mniej to znaczy więcej

MORE OR LESS

Oh, those words 'more or less'
they repeat them casually
just like that
slap-dash
pass them along like clumsy hands
who will understand who will explain
that less
means more

Sarah Lawson and Małgorzata Koraszewska

CO PROSI O MIŁOŚĆ

Bóg wszechmogący co prosi o miłość
tak wszechmogący że nie wszystko może
skoro dał wolną wolę
miłość teraz sama
wybiera po swojemu
to czyni co zechce
więc czasem wzruszenie jak szczęście przylaszczek
co się od razu na wiosnę kochają
bywa obojętność to jest sprawy trudne
głogi tak bardzo bliskie że siebie nie znają
kocha lub nie kocha — to jęk nie pytanie
więc oczy zwierząt ogromne i smutne
śpi spokojnie w gnieździe
szpak szpakowa szpaczek
Bóg co prosi o miłość
rozgrzeszy zrozumie
Wszechmoc wszystko potrafi
więc także zapłacze
Wszechmogący gdy kocha najsłabszym być umie

WHO ASKS FOR LOVE

God Almighty that asks for love
so mighty He can't do it all
since He gave us free will
now love chooses its ways
does what it likes
emotion can be like delight of spring flowers
when they fall in love all at once
indifference happens these are difficult matters
wild roses so close they don't know one another
loves me, loves me not — it's a moan not a puzzle
animals' eyes are large and grieving
yet peaceful in their nest
starlings sleep with their offspring
Almighty that asks for love
will forgive understand it all
our Lord from above
can do anything even cry
when He loves the Almighty can be weakest of all

Maya Peretz

WDZIĘCZNOŚĆ

Jest taka wdzięczność kiedy chcesz dziękować
lecz przystajesz jak gapa bo nie widzisz komu
a przecież sam nie jesteś płacząc po kryjomu
Niewidzialny jest z tobą co jak kasztan spada
jest taka wdzięczność kiedy chcesz całować
oczy włosy niewidzialne ręce
powietrze deszcz co chlapie
zimę saneczki dziecięce
dom rodzinny co spłonął z portretem bez ucha
rozstania niby przypadkowe
kiedy żyć nie wypada a umrzeć nie wolno
jest taka wdzięczność kiedy chcesz dziękować
za to że niosą ciebie nieznane ramiona
a to czego nie chcesz najbardziej się przyda
szukasz w niebie tak tłoczno i tam też nie widać

GRATITUDE

There's a kind of gratitude you want to offer
but stop like a dolt because you don't know to whom
though you're not alone when you secretly cry in your room
the Invisible like a falling chestnut is right there with you
there's a kind of gratitude when you want to kiss
hair, eyes, invisible hands
air, rain that splatters,
winter, a child's sled
family home that burnt along with the portrait missing one ear
partings not entirely accidental
when it's in bad taste to go on living and forbidden to die
there's a kind of gratitude you want to offer
for the unknown shoulders that carry you along
and what you don't want is what you most need,
you search in heaven, such congestion, it's still not there

Anna Mioduchowska and Myrna Garanis

KRZYŻ

Mój krzyż co przyszedł z niewidzialnej strony
zna samotność w spotkaniu przy stole
niepokój i spokój bez serca bliskiego
wie że mąż wzdycha częściej niż kawaler
nie dziwi się już Hegel że w szkole dostawał po łapie
nie każdy go rozumiał
krzyż wszystko uprości
nie człowieka — o miłość trzeba prosić Boga
od tego zacząć żeby iść do ludzi
wie i nie mówi bo słowom przeszkadzają słowa
milczenie nawet rybkę w akwarium obudzi
dopiero żyć zaczniesz gdy umrzesz kochając
mój krzyż co przyszedł z niewidzialnej strony
wie że wszystko wydarzyć się może
choćbym nie chciał tego
na przykład wilia z barszczykiem czerwonym bez śniegu
choć przecież zima w sam raz o tej porze
czasami krzyż ofuka uderzy ubodzie
z krzyżem jest się na zawsze by sprzeczać się co dzień
jeśli go nie utrzymasz to sam cię podniesie
a szczęście tak jak zawsze o tyle o ile
bywa że się uśmiecha gdy myśli za pewne
chcesz mnie zrzucić
zobaczysz że ciężej beze mnie

THE CROSS

My cross that arrived from the side unseen
knows loneliness and fear often felt between
a husband and wife, and peace you can have
when alone; knows that married men sigh
more often than bachelors, and understands why
Hegel was punished already at school
when misunderstood, taken for a fool
the cross points the way to go
it's God we must ask for love
but first one must turn to men
cross is silent though knows, for words intrude on words
and silence wakes even fish in a bowl
when you die loving then you truly start living
my cross that came from the side unseen
knows that anything could happen that hasn't been
even if not wanted
like a snowless Christmas Eve repast
though winter is most becoming at that time of the year
the cross can scold you slap or hit
it's with you for ever to argue with
if you can't support it, you'll be raised by it
more so than happiness that smiles at you at times
the cross can be counted on to surmise:
want to throw me off? You'll see
it is much harder without me

Maya Peretz

8 — Jan Twardowski

POKORNY

Bóg wszechmogący a taki pokorny
wszędzie jest a nigdzie nie widać
trzyma się krzyża rękami obiema
czysty bo wszystko mając nic dla siebie nie ma
słucha cierpliwie że już się nie przyda

tylko Wszechmogący może być tak mały
jeszcze mówią Mu na złość
że ma Syna Żyda

HUMBLE

God is omnipotent and yet so humble
he's everywhere but never seen
holds onto the cross with His hands two
pure for keeps nothing though He owns it all
patiently listens that He's of no use

only Omnipotent can be so small
to spite Him they say
his Son is a Jew

Maya Peretz

USŁYSZANE ZAPISANE

Drzwi zadrżały — kto to?
— śmierć
weszła drobna malutka z kosą jak zapałka
Zdziwienie. Oczy w słup
A ona
— przyszłam po kanarka

OVERHEARD NOTED DOWN

The door trembled — who's there?
— death
he entered slight tiny
surprise. Hair on end
and he
— I came for the canary

Anna Mioduchowska and Myrna Garanis

TAKI MAŁY

Grudzień choinka
osioł zaszczycony
wół zarozumiały
tylko Bóg się nie wstydzi
że jest taki mały

UNASHAMED

December the tree
the donkey honored
ox bursting with pride
only God unashamed
of being a child

Anna Mioduchowska and Myrna Garanis

WIERNA

Jest taka miłość która nie umiera
choć zakochani od siebie odejdą
zostanie w listach wspomnieniach pamiątkach
w miłych sprzeczkach — Co było dla Adama lepiej
czy Ewa na co dzień — czy jak przedtem żebro
zostanie nie na niby nawet w jednym listku
bzu gdy nie rozumiejąc rozumie się wszystko
choćby że zmartwychwstaną najpierw dni powszednie
wbrew krasce co przysiada na ziemi niechętnie
zostanie przy zabawie i kasztanach w parku
w szczęściu co się jak prawdziwek chowa
pomiędzy śmiercią sekund na zegarku
a przyszłość to przeszłość co znowu od nowa
jest taka miłość która nie umiera
choć zakochani uciekną od siebie
porzucona jak pies samotna
wierna nawet niewiernym na spacerze w niebie

FAITHFUL

There's a kind of love that will not die
even though the lovers each go their own way
it will live on in letters memories souvenirs
in friendly arguments — what was better for Adam,
Eve every single day of the year — or the rib,
it will live on, not make-believe, in a single lilac leaf
when without understanding you understand everything,
even though ordinary days are reborn
in spite of the bird that unwillingly touches the earth
it will live on in games, chestnuts in the park
in happiness that like a boletus hides,
in between the dying seconds on a watch
where the future is the past that begins from scratch
there's a kind of love that will not die
even though the lovers turn their backs,
abandoned like a dog, lonely,
faithful even to the faithless strolling in heaven

Anna Mioduchowska and Myrna Garanis

POWRACAMY

Z Matką Boską jest tak
najpierw bliska najbliższa
jak choinka opłatek gwiazdka
mama, mamusia, matka
potem teologia tłumaczy sercu
że Pan Jezus na pierwszym miejscu
lata biegną samotność wieczność
powracamy do Niej jak dziecko

RETURNING

With the Mother of God it is thus:
first she's near nearest
like Christmas tree a wafer a star
mom, mamma, mother
later the heart learns through God's grace
that Lord Jesus takes the first place
years pass loneliness world without end
childlike we return to Her embrace

Maya Peretz

POSŁOWIE

ks. Tadeuszowi Bachowi

Proszę o mszę w mojej intencji
latem zimą jesienią wiosną
świętą to znaczy cichą
nie za głośną
taką w sam raz
po której łzy
jak boże krówki
po grzechach mych rosną

AFTERWORD

to Fr. Tadeusz Bach

I request a mass on my behalf
in summer winter fall and spring
a holy that is a quiet one
not too loud
just right
one after which tears
like ladybugs
grow over my sins

Maya Peretz

125

STARZY LUDZIE

Nie lubią proszków
przy aspirynie się krzywią
czekają na miłość dobroć
powrót ojca i matki
tak jak w dzieciństwie
wszystkiemu się dziwią
cieszą się gwiazdką choinką
zimą tęsknią do wiosny

Starzy — to dzieci które za szybko urosły

THE OLD

They don't like pills
Aspirin makes them grimace
they wait for love goodness
return of father mother
as in childhood
they are amazed by everything
enjoy Christmas the tree
in winter long for spring

the old — are children who grew up too fast

Anna Mioduchowska and Myrna Garanis

OD KOŃCA

Zacznij od Zmartwychwstania
od pustego grobu
od Matki Boskiej Radosnej
wtedy nawet krzyż ucieszy
jak perkoz dwuczuby na wiosnę
anioł sam wytłumaczy jak trzeba
choć doktoratu z teologii nie ma
grzech ciężki staje się lekki
gdy się jak świntuch rozpłacze
— nie róbcie beksy ze mnie
mówi Matka Boska
to kiedyś
teraz inaczej
zacznij od pustego grobu
od słońca
ewangelie czyta się jak hebrajskie litery
od końca

FROM THE END

Begin with Resurrection
with the empty grave
with the Blessed Virgin of Joy
then even the cross will make you smile
like a crested grebe in the spring
angels will help you see
without a PhD
that a heavy sin becomes light
when you cry your heart out
— don't make a weeper of me
says the Mother of God
it was then
it's different now
start with the empty grave
with the sun, that's my command:
read the Gospel like Hebrew
starting at the end

Maya Peretz

129

NIESZCZĘŚCIE NIE-NIESZCZĘŚCIE

Jest taki uśmiech co mieszka w rozpaczy
bo gdy widzisz zbyt czarno to często inaczej
niekiedy w smutku jak drozd ci zaśpiewa
— twej miłości zranionej Bóg łaknie jak chleba
nieszczęście nie-nieszczęście jeśli szczęścia nie ma
jest uśmiech co się nawet na cmentarzu kryje
każdy świętej pamięci umiera więc żyje
cóż że go nie widzisz powraca do domu
siada przy stole czyta lampę świeci
czasem w bamboszach by nas nie obudzić
tylko śmierć umie ludzi przybliżyć do ludzi
nic dziwnego przecież tak to bywa
z nieba się tęskni zawsze po kryjomu
choćby królikom mlecze przed rosą pozrywać
ciotkę z gotówką przy sobie zatrzymać
uśmiech czasem się modli po prostu — mój Boże
tu gdzie miłość odchodzi lecz jej nie ubywa
ci co się kochają cierpią gdy są razem
uśmiech i z cytryną uśmiechnąć się może

narzekasz że świat surowy jak grzyb niejadalny
a w świecie stale uśmiech niewidzialny

MISFORTUNE NOT MISFORTUNE

There's a kind of smile that dwells in gloom
for you see like no other when all you see is doom
in sadness it sings like a mocking bird
— God needs wounded love like air
misfortune's not misfortune because good fortune isn't there
there's a smile hiding in grave
each of blessed memory is dead thus alive
so what that you don't see him he does return home
sits at table lights a lamp picks up a tome
often in slippers not to wake us up
death alone knows to bring us close
no wonder after all we are predisposed
to secretly long even from beyond
to snatch fresh dandelions from a bunny
retain by our side an aunt who's into the money
a smile sometimes a simple prayer — my God
here where love departs but is not dropped
those who love one another suffer when together
a smile can blossom even during stormy weather

you complain that the world is bitter like bile
yet the world smiles an invisible smile

Maya Peretz

WIERSZ Z CHRZANEM W ŚRODKU

Wzruszenie — to czasu przemijanie
był dom ale już go nie ma
znikły świętej pamięci gęsi kaczki drzewa
fotel na ganku
strzelba co drażniła wyżła
pani co miała przyjść kwadrans po trzeciej lecz nie przyszła
liście brzozy co jesienią żółkną zawsze pierwsze
bardzo starych poetów nie czytane wiersze
portret nieznośnej babki milutki jak trzeba
liść chrzanu pamiątka u siebie pieczonego chleba
chłopiec co wyznał miłość i zginął na wojnie
tak kochał że z nosem urwanym umierał spokojnie

szczęście — to przemijanie nam też zniknąć trzeba

POEM WITH HORSERADISH IN THE MIDDLE

Emotion — is the passing of time
there was once a home but it's gone
so are God rest their souls geese ducks trees
the chair on the verandah
hunting guns that bothered the pointer
the woman who was supposed to come at quarter past three and didn't
birch leaves that are always the first to yellow in autumn
unread poems of venerable poets
the portrait of an impossible grandmother sweet as can be
horseradish leaf memory of homemade bread
a boy who confessed his love and was killed in the war
so in love that with his nose torn off he died peacefully

happiness — is passing we too must disappear

Anna Mioduchowska and Myrna Garanis

POTEM

Było po śmierci
świat stał się biały
jak na rozpacze lek
wszystkie me grzechy się rozpłakały
i ucałował śnieg

AFTERWARDS

It was after death
the world turned white
like pills against despair
all my sins burst into tears
the snow embraced

Anna Mioduchowska and Myrna Garanis

OGIEŃ

Patrzę Jezus na brzegu
wydawał się łatwy
taki do serca na co dzień
Mówił: — Przyjdź
czekam
tylko nie licz na cuda
do mnie się idzie przez ogień

FIRE

I looked, Jesus on the shore
he seemed easy
a regular sort of fellow, friend
He said: — Come
I'm waiting
just don't count on miracles
to reach me one must walk through flames

Anna Mioduchowska and Myrna Garanis

ZDEJMOWANIE Z KRZYŻA

Rozpoczynam od głowy
już nie pytam czy boli
śmierć nie znosi takich pytań bo po co
włosy teraz odgarniam spod za ciężkiej korony
co jak owce czarne się tłoczą
potem ciernie wyjmuję
po kolei całuję
liczę na głos pierwszy drugi trzeci
groźne zajadłe teraz smutne zabawne
jak czerwone kredki dla dzieci
teraz łzę zdejmuję Mu z twarzy
tę ostatnią co ostygła i parzy
wreszcie z gwoździ wyrywam nogi ręce
dalej nie wiem co dalej
choćby świat się zawalił modlę się do serca o serce

TAKING DOWN FROM THE CROSS

I begin with the head
I don't ask anymore if it hurts
death can't bear such questions what's the point
from under the too heavy crown I sweep away hair
which swarms like black lambs
next I remove the thorns
one by one kissing them
one two three I count out loud
menacing fierce now sad funny
red like children's crayons
now I take down a tear from His face
the last one that has cooled and burns
in the end I rip from nails his legs arms
and then I don't know what then
even if the world was to end I pray to the heart for heart

Anna Mioduchowska and Myrna Garanis

TAK

Pierwsza Komunia z białą kokardą
jak w śniegu z ogonem ptak
ufaj jak chłopiec z buzią otwartą
Bogu się mówi — tak

Nie rycz jak osioł nie drżyj jak żaba
wytrwaj choć nie wiesz jak
choćby się cały Kościół zawalił
Bogu się mówi — tak

Miłość zerwaną znieś jak gorączkę
z chusteczką do nosa w łzach
święte cierpienie pocałuj w rączkę
Bogu się mówi — tak

YES

Like a little boy at his First Communion
bedecked in white ribbons, so awed
he stands by the altar his mouth agape
you must say "Yes" to God.

Don't bellow like a donkey or tremble like a frog
you're still not beneath the sod
even if the whole Church were to fall apart
you must say "Yes" to God

Sustain broken love like fever
your tears are not a fraud
embrace holy suffering with both arms
and answer "Yes" to God

Maya Peretz

NA ŚWIECIE ZACHÓD SŁOŃCA

Na świecie zachód słońca
jak adoracja rany
w muzeum kawał płótna zamalowany
w świecie łabędź syczy kura gdacze pies wyje
a w muzeum tyle piękna co nie żyje

SUNSET IN THE WORLD

In the world a sunset
like adoration of the wound
at the museum real life cartooned
in the world swans hiss chickens cackle dogs bark
and at the museum so much lifeless art

Maya Peretz

WAŻNE

Nie zapominaj o parasolce
bo się na chmurę zbiera
sprawdź czy masz chociaż pięć złotych w kieszeni
i to co tak ważne
jak chleb słońce ziemia
ucałuj upokorzenie
i po kolei zmartwienia

IMPORTANT

Don't forget an umbrella
for clouds are brewing
see you have at least bus money in your pocket
and what is as important
as bread the earth the sun
kiss humiliation
and worries one by one

Maya Peretz

145

NIC

Jakie to dziwne
tak bolało
nie chciało się żyć
a teraz takie nieważne
niemądre
jak nic

NOTHING

How strange
that it could hurt so
life not worth living
and now so trivial
so foolish
like nothing at all

Anna Mioduchowska and Myrna Garanis

NAJBLIŻEJ

Bóg kocha ciebie poprzez list serdeczny co doszedł
poprzez życzenia na święta
poprzez rzeczy tak ważne że się o nich nie pamięta
przez kogoś kto był przy tobie w grypie
przez tego co po spowiedzi już nie szczypie
poprzez deszcz co ci w uchu zadzwonił
poprzez kogoś kto ci się krzywić zabronił
poprzez psa co nogi ci lizał
przez serce krzyczące z krzyża

NEAREST

God loves you through the tender letter you received
through the card that arrived on Christmas Eve
through things so important we sometimes forget
through the friend who stayed with you when you were upset
through the one who after confession held you dear
through the rain that rang hard in your ear
through the man who wouldn't let you twist him out of shape
through the dog that consoled you in your loss
through the heart crying out from the cross

Maya Peretz

Stawiam sobie czasem trzy pytania: dlaczego piszę? do kogo piszę? co myślę o swoich własnych wierszach?

Nie prowadzę dziennika. Swoje przeżycia, wzruszenia, spotkania ze światem i ludźmi zapisuję w wierszach.

Wiersze są rodzajem rozmowy, w której autor chce coś przekazać z własnych przeżyć. Piszę tak, jakbym mówił do kogoś bliskiego. Dla mnie wiersz jest poszukiwaniem kontaktu z drugim człowiekiem. Chciałbym trafić do każdego. Cieszy mnie to, że wiersze rozumieją czytelnicy spoza polskiej przestrzeni, rozumieją w swoim języku.

Jako ksiądz żyję w dwóch światach: zewnętrznym — mediów, które mówią o zarażonym, nieprawdziwym, okropnym świecie ludzkich grzechów, i wewnętrznym — ludzkich wyznań, spowiedzi. Wiem, że jeśli nawet człowiek odchodzi od Boga — męczy się. Jest krzyż wiary i niewiary.

Wciąż chcę pisać lepiej. W dzisiejszym świecie spotykamy się z twórczością cenionych nieraz umysłów, zarażonych rozpaczą, relatywizmem, niewiarą, materializmem, postmodernizmem. Wiersz religijny może wydać się za słaby, zbyt zagłuszony. Ale nie dostrzegany odbiorca jest, odbiorca, który szuka nadziei, prawdy, autentyzmu i nie idzie za tym, co modne. W świecie niewiary próbuję mówić o wierze, w świecie bez nadziei — o nadziei, w świecie bez miłości — o miłości.

Wiersze ocalają to, co podeptane. W dobie komputerów i techniki objawiają się jako coś ludzkiego, serdecznego, co nie jest zatrute nienawiścią, złością, sporami. Wnoszą ład i harmonię. Odkażają dzisiejszą rzeczywistość.

Brak dziś wierszy religijnych. Sam fakt, że pojawiła się propozycja ich wydania, świadczy o zapotrzebowaniu.

Nie lubię dorabiać tak zwanych interpretacji do tego, co piszę. Pozostawiam osąd czytającym. Prezentowany wybór jest wędrówką po moim odkupionym świecie, w którym cierpienie nie zawsze jest nieszczęściem, może być próbą wierności wobec tajemnicy, a śmierć jest spotkaniem z Bogiem, który jest miłością.

ks. Jan Twardowski

I sometimes ask myself those three questions: Why am I writing? To whom am I writing? What do I think of my own poetry?

I do not keep a journal. My experiences, emotions, meetings with the world and with people are recorded in my poems.

Poems are a kind of a conversation, in which the author is trying to convey some of his personal experience of the world. I am writing as if I were speaking to a close friend — for me, a poem is an attempt to get in touch with another person. I would like to get through to everybody out there, and I am happy that my poems are also appreciated by people living outside the Polish sphere, who understand them through their own language.

As a priest, I live in two different worlds at a time — in the external one, which media present as a contaminated, false, grisly and governed by human sin, and in the internal one, which is defined by people's confessions and avowals. I know that a man who parts company with God is in a torment. Both believers and non-believers have a cross to bear.

I constantly strive to write better. In today's world, we constantly come across work, often by the most renowned minds of our time, which is contaminated with despair, with relativism, with lack of faith, with materialism, with postmodernism. In this world, a religious poem might seem too weak, too muffled. Yet, the unheeded readers a r e out there, those who are looking for hope, truth and authenticity, and do not follow the day's fashions. I am trying to speak of faith in the world devoid of faith, of hope in the world devoid of hope, of love in the world devoid of love.

Poems redeem that which has been trampled upon. They contribute what is human and heartfelt to a computerised, technicised world, what has not been contaminated by hatred, envy, and bickering. Poems bring along orderliness and harmony. They purify today's reality.

There is a lack of religious poems today, and that need is revealed by the very fact that it has been suggested to publish some of them.

I do not like to provide ready interpretations of my writing, and leave the judgement to the reader. The selection proposed in the present volume is an excursion through the redeemed world of mine, in which suffering need not be a misfortune, but rather a test of faithfulness towards a mystery, and death is an encounter with God, who is love.

Father Jan Twardowski
translated by Michał Pawica

NOTA EDYTORSKA

Podstawę źródłową zebranych tu wierszy ks. Jana Twardowskiego stanowią następujące tomy Autora:

1. *Miłość miłości szuka. Wiersze 1937–1998.* Zebrała, opracowała, posłowiem i kalendarium opatrzyła Aleksandra Iwanowska, t. I–II, Warszawa: Państwowy Instytut Wydawniczy — Poznań: Księgarnia Św. Wojciecha 1999;
2. *Rwane prosto z krzaka*, wyd. 3 rozsz., Warszawa: 2000 (wiersze: *Na świecie zachód słońca, Ważne, Nic, Najbliżej*); na podstawie tego tomu tytuł wiersza *Wielka sztuka za wielka* (tytuł pierwotny: *Do Jezusa umęczonego organami*);
3. *Bóg prosi o miłość. Gott fleht um Liebe.* Wybór i opracowanie Aleksandra Iwanowska. Posłowie Autora. Przekład Karl Dedecius, Karin Wolff, Rudolf Bohren, Ursula Kiermeier, Alfred Loepfe, Kraków: Wydawnictwo Literackie 1998 (wiersz *Uczy*).

Przekłady angielskie są w większości pierwodrukami. Publikowane były jedynie następujące wiersze:

Do Jezusa umęczonego organami (*To Jesus Tortured by Organs*, w obecnej edycji pod tytułem: *Wielka sztuka za wielka*); *Do świętego Franciszka* (*To Saint Francis*); *Jak się nazywa* (*What Do You Call*), w „The Month" March 1998 w przekładzie Sarah Lawson i Małgorzaty Koraszewskiej;

Pan Jezus niewierzących (*The Jesus of Nonbelievers*); *Świat* (*The World*); *Głodny* (*Hungry*); *Proszę o wiarę* (*Asking for Faith*) w: *77 przekładów Stanisława Barańczaka i Clare Cavanagh z polskiej poezji współczesnej.* Wybór, wstęp i opracowanie Adam Dziadek, Katowice: Towarzystwo Zachęty Kultury, Letnia Szkoła Języka i Kultury Polskiej Uniwersytetu Śląskiego 1995, oraz w *Spoiling Cannibals' Fun: Polish Poetry of the Last Two Decades of Communist Rule.* Ed. Stanisław Barańczak and Clare Cavanagh, Evanston: Northwestern University Press 1991.

Aleksandra Iwanowska

PUBLISHER'S NOTE

Father Twardowski's poems collected in the present volume are drawn from the following sources:

1. *Miłość miłości szuka. Wiersze 1937–1998.* Selection, editing, epilogue and calendar by Aleksandra Iwanowska, v. I–II. Warszawa: Państwowy Instytut Wydawniczy — Poznań: Księgarnia Świętego Wojciecha, 1999;
2. *Rwane prosto z krzaka*, 3rd ed. (revised), Warszawa, 2000 (the following poems: "Sunset in the World", "Important", "Nothing", "Nearest"), and the title of the poem "When Great Art Is Too Great" (the original title: "To Jesus Tortured by Organs");
3. *Bóg prosi o miłość. Gott fleht um Liebe.* Selected and edited by Aleksandra Iwanowska. Epilogue by the author. Translated by Karl Dedecius, Karin Wolff, Rudolf Bohren, Ursula Kiermeier, Alfred Loepfe, Kraków: Wydawnictwo Literackie: 1998 (the poem "Teaching").

Most English translations presented in the volume are published for the first time. Only the following poems have appeared in print before:
"To Jesus Tortured by Organs" (in the present selection under the title "When Great Art Is Too Great"), "To Saint Francis", "What Do You Call It" by Sarah Lawson and Małgorzata Koraszewska, *The Month*, March 1998;
"The Jesus of Nonbelievers", "The World", "Hungry", and "Asking for Faith", by Stanisław Barańczak and Clare Cavanagh — *77 przekładów Stanisława Barańczaka i Clare Cavanagh z polskiej poezji współczesnej*, selection, editing and preface by Adam Dziadek, Katowice: Towarzystwo Zachęty Kultury; Letnia Szkoła Języka i Kultury Polskiej Uniwersytetu Śląskiego 1995, and *Spoiling Cannibals' Fun: Polish Poetry of the Last Two Decades of Communist Rule.* Ed. Stanisław Barańczak and Clare Cavanagh, Evanston: Northwestern University Press 1991.

Aleksandra Iwanowska
translated by Michał Pawica

ALFABETYCZNY SPIS TYTUŁÓW

SPIS TREŚCI / CONTENTS

Wydanie pierwsze, dodruk
Printed in Poland
Wydawnictwo Literackie 2001
31-147 Kraków, ul. Długa 1
http://www.wl.net.pl
e-mail: handel@wl.net.pl
Bezpłatna linia informacyjna 0-800 42 10 40
Skład i łamanie: Edycja
Kraków, pl. Matejki 8
Druk i oprawa: Cieszyńska Drukarnia Wydawnicza